わくわく発見！
世界の料理

竹永絵里 画

河出書房新社

アジア・オセアニア

アジア・オセアニアはとても広い地域です。その分、国の数も多く、手に入る食材や住んでいる人々のくらしぶりも大きくちがいます。世界三大料理の一つで多くの人が知っている中華料理から、オセアニアの小さな島国のめずらしい料理まで、さまざまな料理があります。

インド

南アジアにある世界で7番目に大きな国。紀元前2300年ごろからインダス文明があった。いくつもの民族がいて、言語も宗教もさまざま。

北インドの家庭でおなじみの主食
チャパティ

インド料理は、北インド料理と南インド料理に大きく分かれる。北インドの主食はパン。これはアーターとよばれる全粒粉で作る、うす焼きのパン。全粒粉は皮がついたままの小麦を丸ごと粉にしたもので、うす茶色をしている。店ではふっくら焼いたナンも食べるが、家庭ではチャパティのほうがよく食べられている。

インドでは右手だけ使って食べるのがルール。左手は不浄（よごれている）と考えられているため。かた手で器用にチャパティをちぎり、カレーなどの汁物にひたして食べる。

おかし
ラッシー

砂糖やハチミツであまくした飲むヨーグルト。ひんやり冷たくして飲む。インド料理はトウガラシやコショウ、ターメリック、クミンなど、スパイスをたっぷり使うのがとくちょう。からい料理も多いので、からさをやわらげてくれるあまい飲み物が食事といっしょによく飲まれる。

からい料理のおともにピッタリ

食欲がわく、たきこみごはん
ビリヤニ

南インドの主食は米。インディカ米という、つぶの長い米で水気が少ない。たいたごはんもパラパラしているので、汁気の多い料理によく合う。ビリヤニはスパイス入りのたきこみごはん。味や具材もさまざまなビリヤニがある。

えいよういっぱいの野菜のココナッツあえ
コラ・マッルン

きざんだ野菜をトウガラシなどのスパイス、ココナッツとあえたもの。ココナッツは実の白い部分をけずってくわえる。野菜はカトゥルムルンガという名前で、カルシウムやビタミン、鉄分などがたっぷりふくまれている。スリランカは南インドに近いので食文化もにていて、スパイスやココナッツをよく料理に使う。とくにスパイスは「世界でもっともからい料理の一つ」といわれるほど、トウガラシをたくさん使う。あまみのあるココナッツは、からい料理とよく合う。

スリランカ

インド洋の島国。しずくのような島の形から「インド洋のしんじゅ」といわれる。熱帯にあるが、高原は涼しく自然も豊か。

スリランカの夕食は、野菜を使ったおかずの皿がたくさんならぶ。どのおかずもスパイスがたっぷり。それを山もりのごはんで食べる。

ココナッツがきいていて、からすぎない味だね。

カトゥルムルンガ

ココナッツ風味のクレープ
ホッパー

米粉にココナッツミルクをまぜた生地を、クレープのようにうすく焼いたもの。おかずといっしょに食べる。外側はパリパリしていて、中心部はもちもちした食感。どの家庭にも、ホッパー専用のフライパンがあるといわれるほど、よく食べられている。

ネパール

インドと中国のあいだにある。ヒマラヤ山脈の中央部にある首都は、標高1400メートルの高地。文化もインドや中国のえいきょうが強い。

ネパールで一番食べられている料理
ダルバート

ダルは「豆のスープ」、バートは「ごはん」の意味。ダルにはレンズ豆、黒豆、黄豆、緑豆などがよく使われる。家庭料理としてもよく食べるが、レストランでも人気。店ではダルとバートに、タルカリという肉や野菜のおかず、アチャールというつけものの4点セットが、おぼんのような皿にのって出てくる。インド料理とにているが、スパイスは強くないので、あまりからくなく、さっぱりした味。

ダル / アチャール / タルカリ / バート

レストランで食べるダルバートは定食のよう。現地の人は、スープをごはんにかけて、指先でまぜながら手で食べる。

おかし
ジリンガ

豊作をいわうお祭りや、ネパールの人々が信じるヒンドゥー教のお祭りのときに作る。米粉に赤や黄などの色粉をまぜてねり、糸のように細くする。それをうずまき状にして油でカリッとあげる。

お祭りの日に食べるとくべつなおかし

チベットから来た、むしぎょうざ
モモ

ネパールはチベットとも近いので、チベット料理もよく食べる。モモは、ひき肉ときざんだ野菜を小麦の皮でつつんだもの。むして、たれをつけて食べる。たれはトマト味、ゴマ味、ピーナッツ味などがある。むす以外に、ゆでたり、油であげたりしたモモもある。

バングラデシュの野菜料理の代表
ボッタ

野菜をやわらかくゆでてつぶし、マスタードオイルと塩、スパイスであえたもの。野菜はジャガイモやナス、ウリなどが多い。豆や魚のボッタもある。バングラデシュでは、マスタードオイルやつぶマスタードをよく使う。マスタードはからし菜のタネ。ピリッとしたからさとツンとする香りがとくちょう。タネから油をしぼりとったマスタードオイルは、からくなく、さわやかな香りがする。

バングラデシュ

南アジアにある国で、インドの東どなり。ガンジス川の水を利用して、稲を育てている。多くのイスラム寺院がたちならぶモスク都市がある。

バングラデシュでは野菜料理が多く食べられる。これは、いろいろな種類のボッタを皿にもり合わせたもの。

国民に人気の魚、イリッシュの料理
マスタード・イリッシュ

イリッシュは川にすむニシン科の魚。バングラデシュの「国魚」といわれるほど、たくさん食べられている。料理法もたくさんあって、マスタードオイルで焼いて、マスタードソースをかけたこの料理が一番人気。

ガンジス川は大きくて、川の水にはえいようがたっぷり。だから、魚がよく育つんだね！

イリッシュ

パキスタン

南アジアの国で、インドの西どなり。昔はバングラデシュと一つの国だった。四季があり、夏は暑くて湿っぽく、冬は涼しく乾いている。

ヤギや牛の脳みそ料理
ブレインマサラ

インドと近い北東部のパンジャブ州では、スパイスをきかせた煮こみ料理が多い。味はからくて、しっかり強め。ブレインマサラは、ヤギや牛の脳みそをさまざまなスパイスで煮こんだもの。高級料理として人気がある。この国ではイスラム教が信じられていて、ブタは食べない。ブレインマサラ用のスパイスが売られていて、スーパーでも買うことができる。

脳みそって食べられるの!?でも、高級料理ってことは、きっとおいしいんだ！

脳みそはやわらかいので、くずれないようにやさしく煮こむ。油であげてから煮こむ方法もある。

焼きたてが、サクサクでおいしい
パラッタ

小麦粉の生地に油をくわえてねり、タンドールというかまで焼いたもの。パイのようにうすい生地が重なっている。ジャムやハチミツをぬって、紅茶と食べる。スパイス入りのおかずと食べることもある。

ゆでて食べるのが中国ではふつう
水ぎょうざ

ひき肉ときざんだタマネギやキャベツなどの野菜を、小麦の皮でつつんだもの。しょうゆや酢などのたれをつけて食べる。むしたり、油であげたりもするが、中国ではぎょうざというと、ゆでた水ぎょうざ。漢民族は世界中の国に住んでいて、各地に中華料理を伝えた。とくにアジアの国々には、中華料理ににたものが数多くある。ぎょうざもロシアやモンゴル、ネパール、トルコなどに、少しずつ形を変えて伝わっている。

南部の広東省では、ぎょうざ、しゅうまい、肉まん、ゴマ団子などの点心（軽食のこと）をお茶といっしょに食べる「飲茶」の習慣がある。

中国

人口が世界一多い国。紀元前5000年ごろから文明があった。約90パーセントは漢民族。ほかに55の少数民族がいる。

「麻」という字にはしびれるという意味があるんだって！

からい豆腐とひき肉の四川料理
麻婆豆腐

内陸の四川省では、からみの強い料理がとくちょう。麻婆豆腐の味付けに使われるのは、サンショウと、トウバンジャンというからい調味料。日本でよく食べる麻婆豆腐よりサンショウがたっぷりで、舌がしびれるようにピリピリからい。

パリパリの皮がおいしい宮廷料理
北京ダック

首都の北京には、宮廷で食べられていた料理が多い。北京ダックは、アヒルを1羽丸ごとオーブンで焼いた、ごうかな料理。皮の部分を切り取り、細切りの野菜といっしょにうすい皮につつんで食べる。

モンゴル

中国とロシアのあいだにある。国土の大部分が草原。羊やヤギ、馬などを飼い、牧草をもとめて移動する遊牧生活をしている人々もいる。

冬によく食べる「赤い食べ物」の代表
チャナスン・マフ

野菜や果物が少ないモンゴルでは、飼っている動物も大切な食料。えいようをつけるのに、夏は動物のミルクやチーズなどの「白い食べ物」を食べる。冬は肉や内臓、血などの「赤い食べ物」を食べる。チャナスン・マフは、骨つき肉を塩でゆでた料理。手で持ってかぶりついて食べたり、ナイフで肉をそいで食べたりする。

肉を食べてビタミンやミネラルをとる。

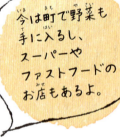

今は町で野菜も手に入るし、スーパーやファストフードのお店もあるよ。

牛や羊のミルクで作ったチーズ
アーロール

ミルクをはっこうさせてチーズにしたもの。天日に干して乾燥させたアーロールはカチカチにかたくて、少し黄色っぽい。乾燥させることで日持ちをよくし、食料の少ないときに大切に食べる。

つけ汁につけた肉の煮こみ
アドボ

フィリピン料理にはトマト、タマネギ、ニンニクなどを使った煮こみ料理がたくさんある。アドボはスペイン語で「つけこむ」の意味。鶏肉や豚肉をスパイス、ニンニクなどにつけこみ、あまずっぱい味に煮たおかず。フィリピンの主食は米。ねばり気の少ないインディカ米に、おかずをのせて食べることが多い。左手にフォーク、右手にスプーンを持って食事をする。

フィリピン

大小7000以上の島々が集まってできた国。昔、スペインに支配されていたため、その文化が強い。海が美しいセブ島が有名。

ハロハロ

ハロハロは「まぜこぜにする」という意味。ミリエンダという1日2回あるおやつを食べる時間に、かき氷、果物、ナタデココ、あまい煮豆やイモ、アイスクリームなどがもられたハロハロをかきまぜて食べる。

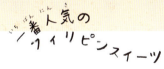
一番人気のフィリピンスイーツ

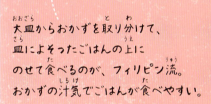
大皿からおかずを取り分けて、皿によそったごはんの上にのせて食べるのが、フィリピン流。おかずの汁気でごはんが食べやすい。

毎日食べられている魚介のスープ
シニガン

魚介類や肉を具にした、すっぱい味のスープ。暑い国なので、食べ物をくさりにくくするため、ココナッツから作った酢や、レモンなどのすっぱい果物がよく使われる。ほかには、魚をはっこうさせたパティスというしょうゆや、エビをはっこうさせたバゴーンなどが味付けに使われる。

ベトナム

インドシナ半島の東部にある、南北に細長い国。メコン川やホン川が流れ、農作にぴったりの三角州が広がっている。とくに米作りがさかん。

米の粉で作った、さっぱり味のめん

フォー

ベトナムでは1年に2回米がとれる。主食は米で、ごはんとして食べる以外に、米粉をフォーやブンというめんにしても食べる。フォーは、さっぱりしたスープのめん。北部は鶏肉、南部は牛肉でだしをとる。そこに、ニョクマムという魚をはっこうさせて作ったしょうゆをくわえて味付けして、パクチーなどのハーブやネギなどの野菜をたっぷりのせて食べる。トウガラシを入れたり、レモンやライムをしぼったりしてもおいしい。

ベトナムでは、朝は屋台でめん類を食べる人が多い。具材は鶏肉や牛肉のほか、エビや魚などさまざま。

 おかし

チェー

温かいチェーと冷たいチェーがある。チェーにはバナナやタピオカが入っている。ほかに緑豆やイモ、トウモロコシ、白玉団子なども入れたりする。

タピオカが入ったベトナム風ぜんざい

ぷりぷりのエビをつつんだベトナム風生春巻き

ゴイクン

米粉の生地を紙のようにうすくのばしたバインチャンに、ゆでたエビ、春雨、野菜などの具材をつつんだ料理。タレにつけて食べる。油であげた、あげ春巻きのネムザンも人気。

世界三大スープの一つ
トム・ヤム・クン

タイ料理は、一つの料理に「からい・あまい・すっぱい・しょっぱい」の四つの味が入っているといわれる。全国的にからい料理が多いが、なかでも南部は一番からい。トム・ヤム・クンはその代表の、からくてすっぱいエビのスープ。味付けは、トウガラシやハーブのレモングラス、ナンプラーという魚から作ったしょうゆなど。エビのかわりに鶏肉や白身魚を使うこともある。

タイ

東南アジアの中部にある。農業がさかんで、米の輸出量は世界2位。平野にたくさんの水田がある。昔から中国やインドとの関係が深かった。

テーブルには
ナンプラーやグラニュー糖、
トウガラシ、酢の
4点セットが置いてあるよ。
みんな好きな味にして
食べているんだ。

トムは「煮る」、ヤムは「まぜる」、
クンは「エビ」の意味。
どくとくの香りのするハーブ、
パクチーを生のまま入れて食べる。

米粉めんで作るタイの焼きそば
パッタイ

タイで気軽に食べられる料理の代表は、めん類。めんは米粉で作ったものが多く、汁めんにしたり、焼きそばにしたりする。パッタイは、太めのめんを使い、エビや豚肉、モヤシ、ニラなどといためたもの。ナンプラーやトウガラシで味付けしてある。

マレーシア

マレー半島の南部とボルネオ島の北部からなる熱帯雨林気候の国。マレー系、中国系、インド系のほか少数民族もくらす多民族の国。

ピーナッツソースで食べる焼きとり
サテ

たれをしみこませた肉を、くしにさして焼いた料理。くしにささった肉は、一つ一つが小ぶり。鶏肉や牛肉、ヤギ肉が使われる。人口の67パーセントをしめるマレー系の人々は、イスラム教徒が多く、豚肉は食べない。サテは屋台でも売られていて、手軽に焼きたてを食べられる。好みで、あまからいピーナッツソースをつけて食べる。

ヤシの葉でつつんでむした、クトゥパッというもち米の団子といっしょに食べることも多い。

たくさんの民族がいるから、食文化も豊かだね。いろいろなものが食べられていいな～。

好きな具材を入れて食べる中国風よせなべ
スチームボート

マレーシアの人口の4分の1は中国系の人々。そのため、料理にも中国風のものが多くある。スチームボートは、肉や魚、野菜や豆腐などを使ったなべ料理。マレーシアは赤道に近く、年中暑いので、あせをかきながらスチームボートを食べる。

韓国の食事にかかせない一品
キムチ

韓国のつけもの全体をキムチといい、200種類近くある。ハクサイのキムチは、塩づけしたハクサイに、大根の千切りやネギのなかまのワケギなどの具材と「ヤンニョム」をぬって、かめでつける。ヤンニョムはトウガラシやニンニク、みそ、塩、ゴマ油などで作った調味料。秋の終わりにキムチをつけこむ文化を「キムジャン」という。キムジャンは2013年にユネスコ無形文化遺産に登録された。

韓国

朝鮮半島の南部にあり、約5150万人が住んでいる国。山地が多く平野が少ないため、都市部に人が集まる。朝鮮人参や青磁の器が有名。

ファジョン

もちをよく食べる韓国人が、3月3日に食べるおいわいのおかし。こしあんにシナモンパウダーをくわえたものを、もちでつつむ。ナツメや春菊、つつじの花などで、かざりをつければできあがり。

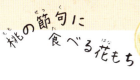
桃の節句に食べる花もち

トウガラシを使わない白キムチはからくない。水分の多い水キムチや、魚介類のキムチなどもある。

あまからいたれがしみた焼き肉
プルコギ

朝鮮半島では中国から肉を食べる文化が伝わり、それが長く続いてきた。そのため、肉料理の種類が豊か。プルコギは韓国風の焼き肉のこと。あまからいたれにつけた肉を汁気の多いまま、なべで焼き煮する。ニンニクやキムチといっしょに、サンチュやレタスなどの野菜でつつんで食べる。

インドネシア

東南アジア南部の約1万3500の島からなる国。そのうち3000以上の島に人が住む。赤道の真下にあるため年中暑くて雨が多い。

主食として米をよく食べる。インドネシアでは米作りがさかんで、生産量は世界3位。

どくとくの味と香りのチャーハン
ナシゴレン

ナシゴレンのナシは、「ごはん」のこと。ゴレンは「油であげる・いためる」。どくとくの調味料で味付けされていて、あまからい味がする。サンバルというソースを自由にくわえて食べる。サンバルはトウガラシ、赤タマネギ、ニンニクなどに、トマト、エビで作ったしょうゆのトラシ、塩、コショウをくわえて、すりつぶしたもの。

テンペはバナナの葉につつまれて、市場で売られているよ。

大豆をはっこうさせた健康食
テンペ

大豆を煮てはっこうさせたもの。日本で食べられている「なっとう」も大豆をはっこうさせたものだが、テンペはブロック状にかためられている。ネバネバしていなくて糸も引かない。油であげたり、細かく切っていためたり、煮物に入れたりなど、さまざまな料理に使う。

カンガルーの肉料理
ルーミート

カンガルーの肉はあぶらが少なく、筋肉のもとになるタンパク質が多い。そのため、健康によい食材として人気が高くなっている。アボリジニは昔からカンガルーやエミューの肉を食べてきた。一時期、ヨーロッパの白人文化が強くなり、アボリジニの文化が弱まりかけたが、今になって伝統文化として見直されてきている。

カンガルーの肉をステーキにしたり、かたまりのまま焼いて、うすく切って食べたりする。

オーストラリア

南半球の太平洋にある大きな国。南にタスマニア島がある。昔から先住民のアボリジニがいるが、とちゅうからヨーロッパ人が多くうつり住んだ。

エミュー

エミューはダチョウににた体の大きな鳥。オーストラリアにいっぱいいるんだ。

おかし

パブロバ

卵の白身をあわ立ててオーブンで焼いたメレンゲに、たっぷりの生クリームをのせたデザート。まわりはサクサクして、なかはふんわり。となりの国のニュージーランドと、どちらがこのケーキを発明したかでケンカをしたこともある。

雲のようなメレンゲのケーキ

フィジー

南太平洋には、小さな島々がたくさんあり、地域でミクロネシア、メラネシア、ポリネシアにわかれている。フィジーはメラネシアの東はし。

フィジーの昔ながらの家庭料理だが、ポリネシアのサモアでも食べられている。

フィジーに伝わるむし焼き料理
パルサミ

フィジーの文化はメラネシアとポリネシアがまざっていて、イモ類やココナッツがよく食べられる。パルサミは、クリーム状のココナッツミルクとタマネギをまぜたものを、タロイモの葉でつつんでむした料理。「ロボ」という、この地方に伝わる伝統的な調理法で作る。

ここに注目！
自然の力を使ったオーブン「ロボ」

ロボはポリネシアなどの国や地域で広く行われている調理法。土にあなをほり、そこに石をしいてたき火をする。熱くなった石の上に、タロイモやバナナの葉でつつんだ肉やイモをのせて、さらに上から葉っぱをかぶせる。そして、数時間そのまま待つと、むし焼きのできあがり。

つつみを開くとココナッツの香りがして、お肉やイモはふっくらふかふかなんだって～。

カニ肉のココナッツミルク煮
ウカイブ

パラオは熱帯の国で、湿地帯にはマングローブという植物の森林が広がっている。マングローブ林にはカニがいて、人々はつかまえてきて食べる。10センチくらいの小さなオカガニは、1ぴきだけ食べてもおなかがいっぱいにならないので、何びきかまとめて食べることが多い。
ウカイブはオカガニの身を取り出して、7～8ひき分を一つのこうらにつめ、ココナッツミルクで煮たもの。

パラオ

太平洋のミクロネシア地域の島々からなる国。スペインやドイツ、日本、アメリカなどの支配を受けたことがあり、文化がまじっている。

オカガニ

できあがりは、カニの身を白いクリームでつつんだよう。ココナッツミルクの香りがおなかを空かせる。

今ではなかなか食べられない高級スープ
コウモリのスープ

果物を食べるコウモリ、フルーツバットは地元の人に人気の食材。20センチくらいの大きさのコウモリが羽を広げた形のまま、スープになって出てくる。パラオでは夕方になると、空気じゅうやゴムのパチンコを持った男性が、コウモリをとろうとさがし歩いているのを見かける。

フルーツバットは今では高級品。みんながつかまえすぎて、数がへってしまったんだ。

スウェーデン

スカンジナビア半島の東側にある、南北に長い国。国土の大半は森林や湖。首都ストックホルムは美しい水の都としても有名。

森でつんできたコケモモをそれぞれの家でジャムにする。ジャムといってもあまくなく、すっぱい味がする。これがスパイスのきいたミートボールにぴったり。

スウェーデン風ミートボール
ショットブラール

どこの家庭でも食べられるスウェーデンのおふくろの味。クリーム入りのソースをかけて、ゆでたジャガイモやコケモモジャムなどといっしょに食べるのが代表的な食べかた。スウェーデンでは南東部で小麦やジャガイモが栽培されていて、ジャガイモはいろいろな料理のそえものとしてよく使われる。森ではラズベリーやコケモモなどの果物がとれる。

うわ〜 すごいにおい！でも、食べるとクセになる〜！

においにビックリ！ ニシンのかんづめ
シュールストレミング

ストレミングは、バルト海でとれる小ぶりのニシン。シュールストレミングは、これをはっこうさせて、かんづめにしたもので、「世界一くさい食べ物」といわれている。かんづめの状態で、15度くらいで半年ほどたったものが食べごろ。ゆでたジャガイモをそえて食べる。

ソバ粉で作ったクレープ
ガレット

ブルターニュ地方の郷土料理。ブルターニュとは、大西洋とイギリス海峡に出っぱった半島で、イギリスから来たケルト人の文化が強い地域。ソバがよく育ち、よく食べられてきた。ガレットは、塩味をつけた生地をうすく焼いて、チーズや卵、ハム、野菜などをのせて、折りたたんだもの。デザートではなく、食事として食べられている。

フランス

ヨーロッパの西部にあり、大西洋、地中海などにめんしている。国の形が六角形に近く、6方向からさまざまな文化を受け入れてきた。

ガレットだけを軽い食事として食べたり、スープや前菜、デザートなどと組み合わせて、コース料理の一品として食べたりする。

口に入れると、ソバの香りがふわっと広がってこうばしい。

海の幸たっぷりのよせなべ
ブイヤベース

魚介類を香りのよい野菜といっしょに煮こんだなべ料理。南フランスの地中海に近いプロヴァンス地方の都市マルセイユで生まれた。昔は、地中海でとれた魚や貝を大きななべにドバッと入れて、塩で味付けしただけのごうかいな"漁師めし"だった。今はトマトやセロリ、タマネギ、ニンニク、香草などを使い、深い味のスープで煮こむ。

1〜2時間かけて魚介類をグツグツ煮て、だしをとるんだ。

イタリア

地中海につき出した長ぐつのような形の国。古くからギリシャ人などが住みつき、食文化をはじめ、さまざまな文化が生まれた。

トマトソースやクリームソースをからめて食べたり、スープに入れたり、ホワイトソースと重ねてチーズをかけて焼いたりなど、パスタによって食べかたもちがう。

形も食べかたもさまざま
パスタ

イタリアでは、小麦粉で作った食品をまとめてパスタとよぶ。日本でよく食べられる細長いめんのスパゲティもパスタの一種。ほかにも、あながあいたマッケローニや、ちょうの形をしたファルファッレ、つつ形をしたペンネ、ねじねじの形のフジッリ、はば広の板状をしたラザーニャ、耳たぶの形をしたオレッキエッテなどがある。小麦粉とゆでたジャガイモをねって、小さく丸めたニョッキもパスタのなかま。

マッケローニ

ペンネ

ファルファッレ

フジッリ

オレッキエッテ

ラザーニャ

南イタリアでは乾燥パスタが多く、北イタリアでは手打ちの生パスタが多い。

いろいろな具材をのせて楽しい
ピッツァ

うすくのばした生地にトマトソースやチーズ、野菜、サラミ、魚介類などをのせて、かまやオーブンで焼いた料理。南イタリアの都市ナポリで生まれたといわれている。ピッツァを二つ折りにしたカルツォーネや、小麦粉の生地に油をぬって焼いたパンのフォカッチャは、とくに歴史が古い。

宮廷料理の流れをひくカツレツ

シュニッツェル

牛肉などをうすくのばして小麦粉・卵・パン粉で衣をつけ、たっぷりのバターやラード（ブタのあぶら）であげ焼きする。あげ焼きは、フライパンに油を多めに入れて、こんがりきつね色に焼く調理法。とんかつににているが、衣のパン粉がとんかつよりも細かくてうすい。レモンや、オーブンで焼いたジャガイモ、ソースなどをそえて食べることが多い。

子牛肉で作ったものを「ウィンナー・シュニッツェル（ウィーン風シュニッツェル）」という。

子牛はねだんが高いので、家庭ではよくブタや七面鳥の肉などで作る。

オーストリア

ヨーロッパの東西南北をむすぶ「文化の十字路」にある。長いあいだ貴族のハプスブルク家が支配し、首都ウィーンでは宮廷文化がさかえた。

おかし

ザッハートルテ

トルテは「スポンジケーキ」のこと。チョコレートの入ったバターケーキに、あまずっぱいアンズジャムをはさんで、まわりをチョコレートでかためる。こってりと濃いチョコレートの味がして、食べごたえがある。

ウィーンのホテル・ザッハーの名物ケーキ

砂糖を入れないホイップクリームがそえてあるのは、舌をさっぱりさせるためだよ。

ハンガリー

ヨーロッパの中央にあり、大部分は草原。もともとアジアからやって来た民族が作った国で、文化的にもアジアの影響を受けている。

パプリカ

パプリカはトウガラシの一種。生で食べたり、乾燥させて粉末にして使ったりする。18世紀ごろからハンガリーで使われはじめ、今ではなくてはならない食材になった。

赤パプリカとサワークリームの煮こみ
パプリカーシュ

ハンガリー料理には、まっかな色をした、からくないパプリカがよく使われる。パプリカーシュは、赤パプリカの粉末とサワークリームで鶏肉を煮こんだ料理。サワークリームは生クリームをはっこうさせたクリームで、すっぱい味がする。そのため、肉でもさっぱりと食べられる。「ガルシュカ」というハンガリーのパスタといっしょに食べることが多い。

> 赤色があざやかで、きれい！からくないパプリカなら、いっぱい食べられちゃうね。

羊飼いが作ったシチュー
グヤーシュ

牛肉と野菜、パプリカをいっしょに煮こんだハンガリーの代表料理。9世紀ごろ、住む場所を移動しながら生活する羊飼いが、体を温めるために作りはじめたといわれている。地域によってパスタを入れたり、サワークリームをくわえたりする。

ムール貝の白ワインむし
ムール・マリニエール

ベルギーの食文化は、オランダ系の民族（フラマン人）が作ったといわれている。とくに北部には北海があって、ムール貝やカキ、ニシンなどの海の幸がたくさんとれる。そのため、ムール・マリニエールのような料理が生まれた。作りかたは、ムール貝をなべに山もりに入れ、白ワインをたっぷりそそいで、ふたをしてむす。なべのままテーブルに出すこともある。ベルギーのフライドポテト、フリットといっしょに食べることが多い。

マリニエールというのは、「漁師風」という意味。漁師たちが海辺で作っていた料理が、郷土料理として広まった。

ベルギー

西ヨーロッパにある、北海にめんした国。フランス、オランダ、ドイツなどにかこまれている。オランダから独立してできた。

おかし
ベルギーワッフル

イーストをくわえてフワフワにふくらませた生地を、専用のフライパンで焼いたおかし。パールシュガーという大きなつぶの砂糖が入った、丸い形の「リエージュワッフル」と、あまさひかえめでサクサクと軽い、長方形の「ブリュッセルワッフル」の2種類がある。

チェックもようがかわいい

ベルギーはチョコレートも有名。チョコワッフルもいいよね！

イギリス

西ヨーロッパにある島国。スコットランド、北アイルランド、ウェールズ、イングランドの四つの地方からなる。古くからスポーツがさかん。

イギリスではジャガイモが主食で、煮たり焼いたり、つぶしてマッシュポテトにしたりして、毎日食べる。

白身魚フライとフライドポテト
フィッシュ・アンド・チップス

一つの皿に、塩で味付けした魚のフライとフライドポテトをいっしょにもり合わせた料理。魚はタラやカレイなどの白身魚が多い。イギリスではフィッシュ・アンド・チップスの専門店があったり、学校の給食に出たりする。ビールのおつまみとしても人気。イギリスの料理は素材の味を楽しむため、そぼくで味付けもシンプルなのがとくちょう。

フライドポテトには、麦から作ったモルトビネガーという酢をふりかけて食べる。

紅茶に牛乳を入れる飲みかたが一般的なんだって！

おかし
アフタヌーンティー

「イギリス人の一日は紅茶ではじまり、紅茶に終わる」といわれるくらい、イギリス人は紅茶好き。そのため、午後3〜4時ごろから、おかしやケーキ、サンドイッチなどといっしょに紅茶を楽しむ習慣がある。19世紀に貴族の女性のあいだで流行した。

たっぷりの紅茶で午後のひととき

米とタコをスープでコトコト
アロース・デ・ポルボ

ポルトガルは、一人あたりの米の消費量がヨーロッパ一。ごはん料理では、米をタマネギのみじん切りといっしょにいため、スープをくわえて弱火で煮こんだ「リゾット」や、たきこみごはんがある。アロース・デ・ポルボは、タコ入りのリゾット。ほかにも、ゆでて料理のつけ合わせにしたり、あまく味付けしてデザートにしたりもする。

ポルトガル

イベリア半島の南西部にある。2013年にポルトガルを含めた7ヵ国の食文化が「地中海料理」としてユネスコ無形文化遺産に登録された。

リゾットは、米をスープで煮るところが、日本の「おじや」や「ぞうすい」とにている。

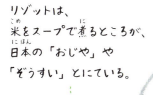

ポルトガル語で「アロース」は、米のこと。

干しダラ入りコロッケ
パスティス・デ・バカリャウ

こまかくちぎった干しダラとジャガイモをまぜて、細長く丸めたものを油であげる。ポルトガルでは、大西洋でとれたタラを塩づけにして乾かした「バカリャウ」をよく食べ、バカリャウを使った料理が300種類以上あるといわれている。料理するときは、水にひたして塩気をぬいてから使うので、しょっぱすぎない。

ロシア

ユーラシア大陸のアジアとヨーロッパにまたがる世界最大の国。北極に近く、冬の寒さがきびしい。そのため、体を温める料理が多い。

酸味のきいた牛肉のシチュー
ビーフストロガノフ

うす切りの牛肉をタマネギやマッシュルームといっしょにいためて、「スメタナ」で味付けした料理。スメタナは牛乳をはっこうさせたロシアのサワークリームで、さまざまな料理に使われる。日本のしょうゆやみそのように、ロシアではかかせない調味料。スメタナは煮こむと酸味がぬけてしまうので、最後のしあげに入れるのがポイント。

貴族のストロガノフ家で食べられていたことから、この名前がついたといわれている。

油であげたジャガイモをつけ合わせにするのが、正式な食べかた。

ふわっともっちり、具入りのパン
ピロシキ

小麦粉で作った生地に肉や野菜をつめて、油であげたり、オーブンで焼いたりしたもの。日本で売られているピロシキはあげたものが多いが、ロシアでは焼いたものが多い。中の具は、キャベツやキノコ、ジャガイモ、ゆで卵などさまざま。肉なしのピロシキもある。

伝統的な赤色の煮こみスープ
ボルシチ

ロシアに近いため、食文化もにている。ロシア料理として知られているボルシチは、実はウクライナ生まれの料理。赤紫色をした根菜ビーツを入れて牛肉や野菜を煮こんだもので、深い赤色のスープがとくちょう。ウクライナには50近い種類のボルシチがあるといわれている。牛乳をはっこうさせたサワークリームのスメタナをそえて食べるところも、ロシアとにている。

ウクライナ

東ヨーロッパの国で、東どなりがロシア。黒土地帯とよばれるえいよう豊かな土地と温かな気候にめぐまれて、小麦の栽培がさかん。

煮こんだビーツは
ホクホクした食感になる。

ビーツ

ビーツは、砂糖の原料にもなるテンサイと同じなかまで、あまい味がする。
ボルシチもやさしいあまさのスープ。

たくさんの具をつつんで食べる
ワレーニキ

ウクライナは「ヨーロッパのパンかご」といわれるくらい小麦がよくとれる。パンやケーキなど小麦料理がたくさんあるが、なかでも伝統的なのがワレーニキ。小麦の皮で肉やジャガイモ、チーズなどの具をつつみ、お湯でゆでた料理で、水ぎょうざに近い。

スペイン

南ヨーロッパの国で、イベリア半島の大部分をしめる。国土が広いので、地域ごとに気候や文化がちがい、観光地がとても多い。

地中海料理にかかせないオリーブオイルは、スペインが生産量世界一。

トマトがさわやかな冷たいスープ
ガスパチョ

南部のアンダルシア地方は太陽が照って暑く、雨が少ない。そのため、トマトなどの生野菜で作る冷たいスープが好まれる。日本でみそ汁が家庭ごとにちがうように、ガスパチョも家々でちがう。定番はトマト、キュウリ、ピーマン、タマネギなどが入り、ビネガー（酢）や塩、オリーブオイルで味付けしたもの。野菜を全部すりつぶしてピューレ状にしたタイプと、野菜をサイコロ状に小さく切って入れたタイプがある。

ひんやり冷たいのどごしと、トマトやビネガーのすっぱさで、暑い季節でもさっぱりと食べられる。

バレンシア生まれのたきこみごはん
パエリア

南東部のバレンシア地方は米作りがさかんで、米を使った料理がたくさんある。パエリアは米とエビ、イカ、ムール貝などの魚介類や肉、野菜などをオリーブオイルで軽くいためて、スープでたきあげたもの。黄色い色は、サフランというスパイスから出る色。

なくてはならない保存食
ソーセージ

ドイツは、冬の寒さがきびしく、食材が不足しがちなため、保存のきく食べ物が多くある。ソーセージもその一つ。塩やこしょう、スパイスなどで味付けした肉のミンチを、ブタなどの腸につめて口をしばり、ゆでたり、むしたり、くんせいにしたり、干したりして、日持ちさせる。

フランクフルトやウィンナー、サラミなど、ソーセージにもいろいろある。血をねりこんだ赤黒いソーセージは、ドイツで昔から食べられている。1頭のブタをむだなく使うための工夫。

すっぱいキャベツのつけもの
ザワークラウト

野菜のとれない冬にそなえて、野菜を塩づけや酢づけにした保存食がある。キャベツを塩づけにしてはっこうさせたのがザワークラウト。ソーセージのおともとしてよく食べられる。ソーセージとザワークラウトをパンにはさんで食べるのも人気。

ドイツ

ヨーロッパのほぼ中央にあって、まわりを多くの国にかこまれている。まじめでかざり気がなく、見た目より中身を大切にする文化がある。

ザワークラウト

おかし
バウムクーヘン

バウムはドイツ語で「木」、クーヘンは「ケーキ」の意味。長い棒に生地をうすく回しかけて焼き、またかけて焼く、というのを何度もくりかえしていくと、切り口が年輪のようなもようになる。

年輪もようが楽しいケーキ

ノルウェー

スカンジナビア半島の西側にある、南北に細長い国。北部は北極圏でオーロラが見える。西部は入りくんだ海岸が続き、漁業がさかん。

味付けしたサケのさしみ
グラブラックス

ノルウェーでは魚のサケがよくとれる。人工的に育てる技術も進んでいて、寄生虫のいないサケを育てることに成功。そのおかげで、生のままでも安全に食べられるようになった。グラブラックスは、生のサケの身を塩やよい香りのするディルというハーブ、レモンやハチミツで作ったソースにつけて、しばらく味をしみこませたもの。

数日間おいたグラブラックスは、ほどよく塩気がきいている。

うすく切ってパンにのせたり、ゆでたジャガイモといっしょに食べたりする。

ノルウェーで人気の肉料理
フォーリコール

ノルウェーでは、昔からトナカイやヘラジカ、鳥などの野生動物がよく食べられてきた。また、羊やヤギなどの家畜も飼われていて、それらの肉を使った料理もたくさんある。フォーリコールは、羊の肉とキャベツを煮こんだ料理。

やわらかいお肉の煮こみ料理
グラーシュ

グラーシュはハンガリー由来の伝統的な肉入りのシチュー。チェコのレストランの定番料理で、牛肉、タマネギ、パプリカ、ジャガイモなどを使ってつくることが多い。牛肉がとろとろにやわらかくなるまで長時間煮こむのが、おいしくつくるポイント。グラーシュにクネドリーキをひたして食べる。

チェコの料理は、肉やジャガイモを使った、ボリュームたっぷりなものが多い。

チェコ

中央ヨーロッパにある海のない国。東西に細長くポーランド、スロバキア、オーストリア、ドイツにかこまれている。機械や自動車づくりがさかん。

味付けはシンプルで、濃厚な味わいがとくちょう。

クネドリーキは小麦粉を水や牛乳でねって、ジャガイモやちぎったパンなどをまぜた生地を、むしたりゆでたりて、食べやすいようにうすく切ったもの。

塩づけしたすっぱいキャベツ。

おかし
ブランボラーク

すりおろしたジャガイモをうすい円形にして、たっぷりの油であげたスナック。「チェコ風おこのみ焼き」ともいわれる。外はカリッとして、中はモチモチ。おやつとして食べたり、ビールのおつまみとして食べたりする。

チェコはビールの産地として歴史がある。おとなたちは食事がわりにビールを飲むほどのビール好きなんだよ。

子どももおとなも好きなチェコのおやつ

アフリカ大陸は、広い砂ばくのある地形と、イスラム教を信じる国が多いのがとくちょう。水の少ない砂ばくでは、食材や料理のしかたにも工夫があります。イスラム教の国では、食事にもルールがあります。気候や宗教が食べ物にあたえるえいきょうがわかります。

イラン

西アジアにある国で、熱帯から亜寒帯まで地域によってさまざまな気候がある。7世紀ごろからイスラム教が広まり、その文化の影響が強い。

炭火でこんがり焼いた肉のくし焼き
キャバーブ

肉をレモン汁、タマネギ、塩などにつけて味をしみこませてから焼きあげる。羊肉が多いが、牛肉や鶏肉でも作る。「チェロウ」というバターライスをそえて食べたりもする。イランで羊肉がよく食べられるのは、家畜として飼われているため。また、イスラム教の決まりで、豚肉は食べてはいけない。

チェロウ

おかし
カターイフ

「ラマダン」という、1か月のあいだ、太陽が出ている時間に食事してはいけない月の夜に食べるおやつがカターイフ。油で焼いた生地にナッツなどをはさんで、あまいシロップをしみこませたもの。

ラマダンの夜のお楽しみ

イランの主食は米とナーン。米は細長くて水気が少なく、パラパラしている。ナーンには、うすやきとあつめがある。

イラン人が一番好きなナーン
バルバリ

イランには数種類のナーンというパンがあるが、とくによく食べられるのがバルバリ。あつみのある生地を、大きなかまでふっくらと焼きあげる。これをスープにひたしたり、おかずをはさんだりして食べる。作るのにとくべつな窯が必要なので、家庭ではあまり作らず、専門店で買ってくる。

肉を使ったさまざまな
ケバブ料理
ケバブ

アダナケバブ

ケバブはトルコ語で「肉料理」。ドネルケバブは、うす切り肉を長い棒に何重にも巻きつけて、回転させながら焼いたもの。焼けた表面をナイフでそぎ落として食べる。アダナケバブは、トウガラシ入りの子羊のひき肉とあぶら身を、くしに巻きつけて焼いたもの。イスケンデルケバブは、ドネルケバブと同じように回し焼きした肉をうすくそいで、パンやトマトソース、ヨーグルトなどと重ねたもの。あつあつのバターソースをかけて食べる。

ドネルケバブ

トルコ

アジアとヨーロッパのあいだにある、中東の国。昔から東西の人々が行き来し、さまざまな文化がまじわる地として栄えてきた。

トルコにはいろいろな国から食材や調理法が持ちこまれた。もともとあった料理と外国から入ってきた料理がまざりあって、今のトルコ料理になった。

オスマン帝国でも食べられていたパイ

おかし

バクラバ

「フィロ」といううすい生地のあいだに、ピスタチオやクルミなどをはさんで焼き、あまいシロップをかけたもの。昔から食べられていたおやつで、今でもトルコを中心に広い地域で食べられている。

麦、肉、ミルクを煮こんだおかゆ
ケシケキ

結婚式やお祭りなどとくべつなときに作って食べる。村の人たちが集まって、伝統的なダンスをおどったり、歌を歌ったりしながら、おいわいムードで作りあげる。2011年に、「トルコの『ケシケキ』の伝統」としてユネスコの無形文化遺産に登録された。

モロッコ

アフリカ大陸の北西部にあり、大西洋と地中海にめんしている。サハラ砂ばくやアトラス山脈など、変化の多い自然にかこまれている。

ユニークな形の、どなべ料理
タジン

タジンなべを使って作る料理全体をタジンという。タジンなべは、とんがりぼうしのような形のふたがとくちょう。羊肉、鶏肉などの肉や、ひよこ豆などの豆類、干したプルーンやブドウ、オリーブの実、サフランやクミンなどのスパイスを組み合わせた具材を、なべでゆっくりむし煮にする。なべぶたにはあながないので、内側に湯気がとじこめられて、うまみがにげない。

タジンなべを使うと、食材の水分だけで料理ができる。水の少ない砂ばくの民が考え出した、くらしの知恵。

おかし
ミントティー

ミントはスーッとした味と香りのハーブ。みずみずしいミントの葉と緑茶をティーポットに入れて、お湯とたっぷりの砂糖を入れる。グラスにミントと砂糖をそのまま入れて、上から熱い緑茶をそそぐ作りかたもある。

口の中がすずしくなるお茶

米のような、つぶつぶのパスタ
クスクス

大きなつぶから小さなつぶまで、さまざまなクスクスがある。乾燥させたクスクスをむして、少しの塩とバターをからめてから、もう一度むす。そして、スープをかけて食べる。モロッコにはクスクス専用のなべがある。2段重ねで、上の段でクスクスをむして、下の段でスープを煮る。

クスクスを使って作った料理全体のことをクスクスという。

40

スパイス入りソラマメのコロッケ
ターメイヤ

乾燥ソラマメを水でもどしてつぶし、コリアンダーというハーブやタマネギ、スパイスをまぜて丸めたものに、白ごまをまぶして油であげた料理。エイシというパンを半分に切って、野菜などといっしょにはさんで食べる。エジプトはイスラム教の国だが、コプト教という、エジプトに古代から伝わるキリスト教を信じる人も少しいる。コプト教ではクリスマスなどには肉を食べない「肉断食」をする。そのため、かわりに豆を使った料理がたくさん生まれた。

エジプト

アフリカ大陸の北東部にある国で、地中海や紅海にめんしている。紀元前3000年ごろからエジプト文明があった。ピラミッドが有名。

おかし

バスブーサ

小麦粉にバター、牛乳、卵、オレンジの香料などをまぜてオーブンで焼いたケーキ。アーモンドスライスとともにシロップにひたして食べる。エジプトをはじめ、中東の国々では砂糖をたっぷり使ったあまいおかしや飲み物が人気。

あまいシロップが口のなかにしみ出す

たくさんある豆料理のなかでも、ターメイヤは大昔からある伝統的な料理。

ぷっくりふくらんだ丸形のパン
エイシ

エジプトではかかせないパン。パン屋のほか、市場や町かどなどいろいろなところで売られている。パン生地が空気でふくらんで、なかがくうどうになっている。半分に切るとポケットのようになるので、そこにいろいろなものを入れて食べる。

サウジアラビア

アラビア半島の8割をしめる、世界一の石油大国。国土のほとんどは砂ばくで作物が育ちにくい。イスラム教の人々が住んでいる。

砂ばくの人々は、「遊牧」といって家畜のエサになる草や水をもとめて移動しながら生活をする。サウジアラビアの料理は、そうした遊牧民の料理がもとになっている。

ムハンマドの大好物スープ
サリード

ムハンマドはイスラム教をはじめた人物で、イスラムの人々にとってはとくべつで、大切な存在。サリードは、肉または野菜とひよこ豆で作ったスープに、小さく切ったパンのかけらを入れたもの。豚肉はイスラム教では食べないので、肉を入れる場合は羊や牛の肉を使う。

カブサには、シナモン、クミン、カルダモンなどたくさんのスパイスを使うんだよ。

サウジアラビアの国民食
カブサ

野菜とスパイスを入れたたきこみごはんに、骨つき肉をのせたもの。米は細長くて、少しパサパサしている。干しブドウやナッツをかけても食べる。サウジアラビア人は、おいわいでは、かならずみんなでカブサを食べる。

ココナッツミルクの やさしい味わい
ラビトト

細かくきざんだキャッサバの葉とココナッツミルクで、豚肉を煮こんだ料理。豚肉のかわりに、干した魚や小エビを使うこともある。キャッサバは、マダガスカルを代表する食材。熱帯のきびしい気候でも育つたくましい植物で、根をイモとして食べる。葉にもえいようがある。

マダガスカル

アフリカ大陸の東側、インド洋にある島国。アフリカとアジアの文化がまざり、そこにフランスの文化がくわわっている。

キャッサバ

少しのおかずで、たくさんのごはんを食べるのがマダガスカル人の力のもと。

タピオカって知ってる？あの丸くてプニプニした玉は、キャッサバのイモのデンプンから作ったものだよ。

肉団子入りのおかゆ
バリ・アミナナナ

マダガスカルは米作りがさかんで、アフリカで一番多く米がとれる。人々の主食は米。マダガスカルでは、ごはんのことを「バリ」という。肉や野菜といっしょに煮こんでおかゆのようにして食べたり、いろいろなおかずの汁をかけて食べたりする。

タンザニア

中央アフリカの東部にあり、インド洋にめんしている。世界一高い山のキリマンジャロや、草原のサバンナなどがある。

バナナ入りのタンザニア風肉じゃが
マチャラリ

肉やジャガイモといっしょにバナナを煮こんだ料理。バナナは、熟す前の緑色をしたあまくないものを使う。料理用のバナナはかたいので、そのままでは食べられない。煮たり油であげたり、むしたりして食べる。煮こんだバナナは、ほっくりとしてイモのよう。

> タンザニアではバナナは主食の一つ。果物のバナナとはちがう種類の料理用のものが使われる。

> あまくないバナナってふしぎな感じ。どんな味や香りがするのかな〜？

具だくさんのスパイス入りスープ
ウロジョ

ウロジョはタンザニアの海側での呼びかた。内陸では「ザンジバル・ミックス」と名前が変わる。スパイス入りのスープに、ジャガイモや焼いた肉、バジアなど、いろいろな具材が入る。バジアはインド生まれの天ぷらにたあげもの。

気温の低い高原でも体ポカポカ
ドロ・ワット

ドロはエチオピアの言葉で「鶏肉」、ワットは「おかず」の意味。鶏肉やゆで卵をベルベレというスパイスで煮こんだ料理。ベルベレは、トウガラシにいろいろなスパイスをまぜてあり、からい味がする。エチオピアにはたくさんのスパイスがあるが、なかでもベルベレはかかせないもので、さまざまなワットに使われる。

エチオピア

アフリカ大陸の東部にある、海のない国。国土のほとんどは高原で、ほかの土地から人が入って来にくいため、どくとくの文化がある。

アラビア半島が近いので、アラブからさまざまなスパイスが伝えられた。

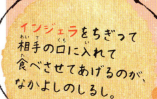

インジェラをちぎって相手の口に入れて食べさせてあげるのが、なかよしのしるし。

おかずをつつんで食べるうすいパン
インジェラ

イネのなかまの「テフ」という植物のタネをひいて、はっこうさせた生地をクレープのように鉄板にのばして焼く。表面にプツプツあなが開いていて、少しすっぱい味がする。エチオピアでは、インジェラとおかずをかこんで、みんなで円になって食事をする。

アメリカ

アメリカ大陸は三つの地域にわかれます。北半球の北アメリカ、赤道に近い中央アメリカ、南半球の南アメリカです。地域ごとに気候や文化がちがいます。また、先住民の文化と、後から入って来たヨーロッパ人やアジア人の文化がまじり合って独自の文化や料理を生み出した国もあります。

カナダ

北アメリカにある世界で2番目に大きい国。広い平野やロッキー山脈、湖や川など自然が豊かで、さまざまな食材にめぐまれている。

カナダの食生活はアメリカと近い。「カナダ料理」といえるものは少ないが、ケベック州にはプーティンをはじめ、どくとくの料理がある。

ケベックから全国に広がった軽食
プーティン

フライドポテトにグレービーソースとチェダーチーズをかけたもの。グレービーソースは、肉を焼くときに出る肉汁に塩、コショウなどで味付けし、煮つめてとろみをつけたソース。東部のケベック州で生まれた料理だが、今では全国でファストフードとして食べられている。ケベックはフランス人たちが多く住みついた州で、地元の食材をフランス風に変化させた「ケベック料理」がたくさん生まれた。

国旗をよく見てみて。まん中にかかれているのは、サトウカエデの葉っぱだよ。

おかし
グランペール・ダン・ル・シロ

名前は「シロップのなかのおじいさん」という意味。小麦粉と牛乳で作った団子をメープルシロップで煮て作るデザート。カナダではメープルシロップを使った料理がたくさんある。メープルシロップは、サトウカエデの木からとれるあまい液体を煮つめたもの。サトウカエデはカナダを代表する木。

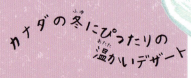

カナダの冬にぴったりの温かいデザート

世界中で食べられているファストフード
ハンバーガー

ハンバーグと野菜などを、バンズという丸いパンではさんだハンバーガーは、アメリカから世界に広がった料理。アメリカは歴史の新しい国で、アメリカらしい文化を生み出そうとしてきた。そんななかで生まれたのが、ファストフード。ファストというのは、英語で「速い」。安くてすばやく食べられるのがみりょく。

アメリカ合衆国
50の州からなる大きな国。世界中から移り住んできた移民と、昔からこの地に住む先住民がいて、さまざまな文化がまじっている。

日本でも人気のハンバーガー。
肉も野菜もパンも
一度に食べられるのが手軽でよい。

ブラウニー
アメリカでは、お母さんが作ってくれるような、そぼくな手作りの焼きがしが人気。ブラウニーはその代表。しっとりとしたチョコレート味のケーキにクルミが入っていて、食べるとカリッとした歯ざわりが楽しい。

クルミ入りのチョコケーキ

ブラウニーという名はようせいの名前からきたという説があるよ。

貝のうまみがとけ出した
クリームスープ
クラムチャウダー

北東部の六つの州からなるニューイングランド地方の料理。17世紀前半にイギリスからの移民と先住民の料理が出合って生まれた。あさりなどの貝とタマネギやジャガイモなどの野菜を煮こんだ、とろみのあるクリーム味のスープ。トマト味になると、ニューヨークのマンハッタン風。

メキシコ

アメリカ合衆国の南にある。年中暑いメキシコ湾ぞい、温かですごしやすい中部、夏と冬の差が大きい北部など、気候はさまざま。

サルサ・ベルデという青トウガラシ入りの緑色のソースをかけて食べてもおいしい。

トウモロコシの生地に何でも巻いて
タコス

メキシコ料理のきほんはトウモロコシで、さまざまな料理に使われる。マサというトウモロコシの粉と、石灰をくわえた水で作った生地をうすく焼いたトルティーヤは、主食の一つ。これに肉や野菜などの具を巻いて食べるのがタコス。同じようにトルティーヤを使った料理はたくさんあり、メキシコ人は毎日トウモロコシ料理を食べる。

豆とトウガラシを使ったメキシコらしい料理
チレ・コン・カルネ

メキシコ料理は豆をよく使う。煮こみ料理にしたり、ゆでてつぶしてスパイスといっしょにいためたりなど、さまざまな種類がある。チレ・コン・カルネは、トウガラシの風味をきかせた豆と肉の煮こみ。チレはトウガラシのこと。メキシコには70種類以上のトウガラシがある。

からみと香りが豊かな鶏肉料理
ジャークチキン

鶏肉をジャークソースにつけこんで焼いたもの。ジャークソースは、何種類ものハーブやスパイスが入ったソース。鶏肉のほかに豚肉や魚介類で作ることもある。ジャマイカでは、たきこみごはんや、味付けしていためたごはんなど、米をよく食べる。ジャークチキンも、ごはんといっしょに皿にもって食べることが多い。

ジャマイカ

メキシコ湾の南東部に広がるカリブ海にある島国。ヨーロッパやアフリカ、インドなどから、さまざまな文化が持ちこまれた。

ジャマイカといえばジャークソースというくらい有名。からいだけでなくコクやうまみ、ハーブのさわやかさがある。

ジャマイカの朝にかかせないおかず
アキー・アンド・ソルトフィッシュ

塩ダラと果物のアキーをいためたもの。アキーは黄色い実のあまくない果物で、食材としてジャマイカのあちこちで売られている。熟したアキーを塩ゆでしていためると、スクランブルエッグのように見える。アキーはどくとくのこってりした味と香りがする。

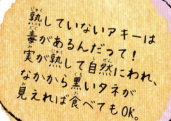
アキー

熟していないアキーは毒があるんだって！実が熟して自然にわれ、なかから黒いタネが見えれば食べてもOK。

ブラジル

南アメリカ大陸の約半分をしめる。西部はアマゾン川の熱帯雨林で、先住民の文化が強い。中東部は高原が広がり、移民が多い。

大きな肉のかたまりを炭火でごうかいに
シュハスコ

牛や羊などの肉に塩をまぶし、くしにさして炭火で焼いた料理。焼けた表面をそぎながら食べる。弱火でじっくり時間をかけて焼くことで、火は通っているがなかは赤いままになる。こうすると、肉汁がとじこめられて、やわらかくおいしく焼きあがる。今は国を代表する料理だが、もともとは南部の牧草地帯から広まったといわれている。

味付けは塩だけ。
よけいな味付けをしないので、
しっかりかむほど肉の味がしみ出してくる。

ポン・デ・ケージョ

マンジョーカ粉をまぜて作るもちもちのパン。家庭ごとに作りかたがあって、もちもち具合がちがう。コーヒーや牛乳といっしょに、おやつとして食べることが多い。マンジョーカ粉はキャッサバという植物のイモのデンプン。

もっちりチーズ風味のパン

屋台でも売られている豆で作った軽食
アカラジェー

豆をつぶしてねった生地を丸く平らにして、ヤシ油でこんがりとあげたもの。ソースをかけたり、あげたエビや野菜をそえて食べたりする。おやつとしても、ビールなどのおつまみとしても食べられている。

ペルーではおなじみの中華風おかず
ロモ・サルタード

ペルーには中国をはじめアジアからの移民が多い。その影響をうけた料理がたくさんあって、これもその一つ。牛肉、トマト、タマネギ、あげたジャガイモをいっしょにいためた料理で、白ごはんのおかずとして食べる。ペルーでは、ジャガイモや米、トウモロコシが主食としてよく食べられている。

トウガラシを使わないやさしい味付けは、中国南部の広東省を中心に食べられている広東料理に近い。

ペルー

南アメリカ大陸の北西部にある。国を南北に走るアンデス山脈では、昔、インカ帝国がさかえた。先住民が今も多く住んでいる。

アロス・コン・レチェ

米を牛乳で煮て砂糖とバニラエッセンス、シナモンをくわえた、とろとろのデザート。冷たくして、レーズンをかけて食べる。練乳をくわえて、もっとあまくして食べる人もいる。

ミルクの香りもあまい米のデザート

寒いアンデス山地でも元気にすごせるスープ
ソパ・デ・チャイロ

アンデス山脈の高地の人々がよく食べる具だくさんのスープ。標高3000〜4000メートルにもなるアンデスは年間を通して気温が低く、農作物が育ちにくい。そんななかで、一度にたくさんのえいようがとれて、体が温まるスープはもってこいの食べ物。

53

アルゼンチン

南アメリカ大陸の南部の大部分をしめる。スペインやイタリアなどから、さまざまなヨーロッパの文化が伝わった。世界最大のイグアスの滝がある。

牛肉のミラノ風カツレツ
ミラネサ

うす切りの牛肉に衣をつけて、多めの油であげ焼きにする。イタリアからの移民が伝えた料理。ミラネサというのは「ミラノ風」の意味。トマトソースをかけると、ナポリターナ（ナポリ風）になる。ミラノもナポリもイタリアの都市の名前。

アルゼンチンにはイタリア料理店が多く、ピザ屋がたくさんある。

おかし
アルファホール

2枚のやわらかいビスケットのあいだに、ドゥルセ・デ・レチェという牛乳と砂糖をカラメルのようになるまで煮つめて作ったジャムをはさんだおかし。まわりにココナッツや粉砂糖をまぶしてある。

家庭の味がする身近なおかし

さまざまな肉のもり合わせ
パリジャーダ

アルゼンチンでは昼も夜も肉料理が中心。パリージャという金あみの上で牛肉、鶏肉、羊肉などの肉の、いろいろな部位を焼いて食べる。人々は夜10時ごろから、ゆっくり時間をかけて夕食をとる習慣がある。

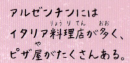

港町で人気の魚介たっぷりスープ
パイラ・マリナ

国全体でいえば肉を食べることが多いが、太平洋ぞいでは魚市場がならび、魚介類を出すレストランもたくさんある。このスープは、港町ではかならずメニューにある。ムール貝やアサリなどの貝類や魚、カニなどさまざまな海の幸が入っていて、うまみがぎっしり。海藻やウニを入れることもある。タラにた白身魚のメルルーサは、チリでもっとも人気のある魚。

チリ

南アメリカの南西にある南北に細長い国。西側が太平洋にめんした長い海岸線、北は砂ばくで、南は南極に近い。そのため気候がはば広い。

しんせんな魚介類で作るスープは、旅行者にも人気。港町に吹く海風のにおいが、食事をさらにおいしくする。

チリの人たちは食後にハーブティーをよく飲むよ。赤色であまい香りとすっぱい味がする、ローズヒップのお茶が有名。

南部のチロエ島の伝統料理
クラント

魚介類とソーセージや肉、ニンジンなどを煮こんだもの。チリでは昼食が一日の食事の中心で、人々はしっかりした量を食べる。パンに、肉や魚のメイン料理、つけ合わせとしてジャガイモやパスタ、米などを食べるのがふつう。夕方にはオンセという軽食をとる習慣があって、夕飯はかんたんにすませる。

みんな大好き！世界のぎょうざ

肉や野菜などの具材をうす皮でつつんだぎょうざには、世界各国に、にたような料理がたくさんあります。それぞれの地域のとくちょうや文化を取り入れ、形や調理法が進化したぎょうざたちを見てみましょう！

つつみ方にもいろいろあるみたいだね！

中国

水ぎょうざ

ひき肉、エビ、はるさめ、キクラゲなどたくさんの具が入ったゆでぎょうざ。しょうゆやお酢をかけて食べる。

ウクライナ

ワレーニキ

肉やジャガイモ、チーズ、果物などの具をつつんでゆでた料理。サワークリームや焼いたタマネギといっしょに食べる。

トルコ

マントゥ

羊や牛のひき肉の具を、小さく切った生地でつつんだ一口サイズのぎょうざ。好みでヨーグルト入りのニンニクソースかトマトソースをかける。

ネパール

モモ

水牛の肉、鶏肉、野菜の具が一般的で、むしたりゆでたりあげたりして食べる。ベジタリアン向けに肉が入っていないものもある。トマト、ゴマ、ピーナッツなどのソースをかける。

ポーランド

ピエロギ

ポーランドのぎょうざは、ひき肉、キャベツ、キノコの具が一般的だが、イチゴやブルーベリーなどの果物をつつんだあまいピエロギも人気。クリスマスイブの食事に出される伝統的な料理。

竹永絵里（たけなが・えり）

イラストレーター。多摩美術大学美術学部情報デザイン学科卒業。
F-SCHOOL OF ILLUSTRATION、山田博之イラストレーション講座受講。
書籍、広告、WEB、雑貨デザインなどで活躍中。
多くの人に親しまれるイラストを描く。
近年は、海外でも個展やワークショップを開催。趣味は旅行！
HP：http://takenagaeri.com

編集：ナイスク（http://naisg.com）
プロデューサー：松尾里央
高作真紀／藤原祐葉
執筆：松本理恵子
装丁・デザイン：遠藤亜由美
DTP：高八重子

［参考文献・資料・サイト］

『しらべよう！ 世界の料理①〜⑦』青木ゆり子 監修、こどもくらぶ 著（ポプラ社）／『ポプラディア情報館 世界の料理』サカイ優佳子・田平恵美 編（ポプラ社）／『どんな国？ どんな味？ 世界のお菓子①〜⑥』服部幸應・服部津貴子 著（岩崎書店）／『世界遺産になった食文化①、④、⑤、⑥、⑦』服部津貴子 監修、こどもくらぶ 編（WAVE出版）／『改訂新版 辞書びきえほん 世界地図』陰山英男 監修（ひかりのくに）／『世界の料理 NDISH』http://jp.ndish.com/ ／『世界の料理 総合情報サイト e-food.jp』http://e-food.jp/

わくわく発見！世界の料理

2018年1月20日　初版印刷
2018年1月30日　初版発行

画：竹永絵里
発行者：小野寺優
発行所：株式会社河出書房新社
〒151-0051　東京都渋谷区千駄ヶ谷2-32-2
電話　03-3404-8611（編集）03-3404-1201（営業）
http://www.kawade.co.jp/

印刷・製本　図書印刷株式会社
Printed in Japan　ISBN978-4-309-61346-8
落丁・乱丁本はお取り替えいたします。
本書のコピー、スキャン、デジタル化等の無断複製は著作権法上での例外を除き禁じられています。本書を代行業者等の第三者に依頼してスキャンやデジタル化することは、いかなる場合も著作権法違反となります。

世界の料理クイズ

どんな料理があったかおぼえているかな？

ヤギや牛のある部分を使った料理だよ。それはどこかな？

答えはP.8

魚とジャガイモで作るコロッケのような料理。この料理に使われる魚の種類はなんだったっけ？

答えはP.29

このなべの名前はな〜んだ？

答えはP.40